L7k
614

L K 614

MÉMOIRE

ADRESSÉ

AU CORPS LÉGISLATIF

PAR

L'ADMINISTRATION MUNICIPALE

D'AUXONNE,

Sur la nécessité de conserver l'arsenal de construction et l'école d'artillerie, établis dans cette commune par l'ancien gouvernement, et recréés par les loix des 18 floréal an 3 et 30 vendémiaire an 4.

A DIJON,

DE L'IMPRIMERIE DE L. N. FRANTIN.

AN 7 DE LA RÉPUBLIQUE FRANÇAISE.

MÉMOIRE

ADRESSÉ

AU CORPS LÉGISLATIF

PAR

L'ADMINISTRATION MUNICIPALE

D'AUXONNE,

Sur la nécessité de conserver l'arsenal de construction et l'école d'artillerie, établis dans cette commune par l'ancien gouvernement, et recréés par les loix des 18 floréal an 3 et 30 vendémiaire an 4.

L'ARSENAL de construction et l'école d'artillerie, établis dès long-temps à Auxonne (1), ne figuroient certaine-

---

(1) L'établissement de l'*arsenal de construction* remonte à 1674; et celui de l'*école d'artillerie*, à 1759.

ment pas parmi les abus que la révolution a eu pour but de détruire. Cependant le projet de leur suppression, pour ainsi dire, né avec elle, mais bientôt solemnellement rejeté, ne s'en trouve pas moins réalisé aujourd'hui par un arrêté du Directoire exécutif (1).

Les habitans d'Auxonne étoient fondés à ne point craindre une pareille suppression, puisque la loi du 18 floréal an 3, *relative à l'organisation de l'arme de l'artillerie* (2), a maintenu les écoles d'artillerie dans les villes où elles se trouvoient alors placées, et par conséquent celle placée à Auxonne.

L'art. 36 de cette loi s'exprime en effet ainsi : » le nombre des écoles d'ar-
» tillerie sera porté à huit.... la hui-
» tième école sera établie à Toulouse;
» *les sept autres écoles resteront dans*

―――――――――

(1) Cet arrêté est sous la date du 23 pluviôse an 6.

(1) Bulletin des loix, 1re. série, cahier 149.

» *les villes où elles se trouvent aujour-*
» *d'hui placées* (1). «

La loi du 30 vendémiaire an 4, *concernant les écoles de services publics* (2), confirme positivement cette disposition (3).

---

(1) » Les huit établissemens *fixes* de l'artille-
» rie, connus sous la dénomination d'écoles d'ar-
» tillerie, seront; savoir : 1°. *La Fère*; 2°. *Be-*
» *sançon*; 3°. *Grenoble*; 4°. *Metz*; 5°. *Stras-*
» *bourg*; 6°. *Douai*, 7°. *Auxonne*; 8°.
» *Toulouse*. « (Tableau annexé à la loi du 18 floréal an 3.) L'arsenal a la même existence légale que l'école; car la direction d'Auxonne est comprise *dans le même tableau*. Cependant on lit dans une instruction, arrêtée le 29 floréal an 7, par le Ministre de la guerre, tit. 8, art. 1er. pag. 35, que » les grandes écoles, pour les troupes
» de l'artillerie, restent provisoirement fixées à
» *Grenoble, Besançon, Strasbourg, Metz, La*
» *Fère, Rennes, Toulouse et Douai*. Néan-
» moins il sera fait un rapport au Ministre. . . . .
» à l'effet de savoir s'il ne conviendroit pas de
» transférer l'école de *Douai* à *Namur*. «

(2) Bulletin des loix, 1re. série, cahier 200.

(3) » A la paix, et lors de la suppression de

C'est dans ces loix que les habitans d'Auxonne puisoient le motif de leur sécurité sur la solidité des établissemens militaires qui faisoient le lustre de leur commune, et dont l'utilité, sentie par leurs créateurs, avoit l'avantage d'être démontrée par une longue expérience (1).

L'Administration municipale vient donc réclamer, comme elle a déja eu oc-

---

» l'école de Châlons, les élèves qui se destine-
» ront à entrer dans l'artillerie, suivront, deux
» ans au moins, les études de l'école polythec-
» nique ; ils ne seront admis ensuite dans *l'une*
» *des écoles des régimens,* CRÉÉES *par la loi du*
» *18 floréal an troisième,* qu'après un examen,
» qui constatera leur instruction et leur capa-
» cité. « (Art. 2. du tit. 3.)

(1) C'est en grande connoissance de cause que la Convention nationale a prononcé la conservation de ces établissemens ; la commune d'Auxonne avoit mis sous les yeux de l'Assemblée nationale constituante, trois mémoires successifs, dans lesquels la nécessité du *statu quo* étoit rigoureusement démontrée. Ces mémoires, auxquels avoit

casion de le faire (1), la conservation de ces établissemens. Sans doute l'intérêt particulier a sa part dans cette nouvelle démarche; mais si, sous tous les rapports, cet intérêt est tellement lié à l'intérêt public, que l'un ne puisse être blessé, sans que l'autre reçoive de graves atteintes : c'est alors que la voix de

---

donné lieu le projet annoncé alors de *transférer à Nevers l'école et l'arsenal d'Auxonne*, rendus publics par l'impression, sont ou doivent être aux archives du Corps législatif. L'Assemblée nationale constituante avoit renvoyé à l'Assemblée législative le soin de prononcer sur ce projet. L'Assemblée législative n'a pas pu s'en occuper; c'est la Convention nationale qui a prononcé. La prétention de *Nevers* a été écartée. *Toulouse* a vu créer pour elle une huitième école. *Auxonne* a conservé la sienne; les mémoires par elle produits, n'ont sans doute pas peu contribué à lui faire obtenir cette justice, que réclamoit aussi l'intérêt public.

(1) Outre les trois mémoires présentés à l'Assemblée constituante, il existe trois mémoires, également imprimés, sous les dates des 27 brumaire an 5, 1er. fructidor an 6, et 29 vendémiaire an 7.

celui-là s'élève avec uue confiance fondée, et que sont rétorqués d'avance tous les argumens que l'on seroit tenté de lui opposer.

Ainsi, c'est sous le point de vue de l'intérêt de la République, que l'Administration municipale se propose d'établir la nécessité de conserver dans les murs d'Auxonne, et l'arsenal de construction et l'école d'artillerie.

C'est l'existence à Auxonne d'un grand et magnifique arsenal de construction, qui a déterminé l'ancien gouvernement à y établir une école d'artillerie. Alors, comme aujourd'hui, un arsenal de construction étoit regardé avec raison comme une source abondante d'instruction pour l'officier d'artillerie. C'est là seul, en effet, qu'il peut utilement *appliquer ses connoissances* à une partie essentielle de la pratique de son art : *la construction des machines de guerre* (1).

___

(1) Art. 3. du tit. 3. de la loi du 30 vendémiaire an 4.

C'est dans les arsenaux de construction, et dans les relations de ces établissemens avec les forges, les fonderies, les manufactures d'armes, les fabriques de poudre de guerre, que l'artilleur, déja théoricien, acquiert, pendant la paix, les connoissances-pratiques qui le rendent, pendant la guerre, un des plus fermes soutiens de l'état.

Si donc il étoit démontré que l'arsenal de construction, qui fleurit à Auxonne depuis cent vingt-cinq ans, est, par sa position, un monument, un instrument de puissance, tel qu'une révolution, bien loin de le détruire, devroit l'élever, le créer, s'il n'existoit déja; il seroit par cela même démontré que l'école d'artillerie, partie intégrante, et, à vrai dire, complément d'un semblable établissement, est à l'abri de toutes atteintes de la part d'un gouvernement constitué, d'un gouvernement éclairé sur ses véritables intérêts.

Supposons maintenant qu'Auxonne

n'ait jamais fixé l'attention du gouvernement ; que ses rapports précieux et évidens avec la sûreté, la défense de l'état, aient échappé aux anciens observateurs, même à l'œil de la Convention nationale, et qu'il fût question aujourd'hui de choisir le local le plus avantageux pour élever un vaste arsenal de construction ; on chercheroit sans doute un point, où les matières premières pour les constructions de l'artillerie, fussent abondantes, à bon marché et de bonne qualité ; un point d'où l'exportation fût facile et économique ; un point qui, étant à portée de la frontière, en fût néanmoins assez éloigné pour ne pas redouter l'invasion de l'ennemi ; et ce point trouvé, on voudroit encore le fortifier assez, pour, en cas d'invasion, le mettre à l'abri d'un coup de main : eh bien ! voilà Auxonne. Auxonne réunit éminemment tous les avantages désirés. Auxonne mériteroit, auroit la préférence.

Les matières premières pour les constructions des machines et attirails de guerre, sont les fers forgés et coulés, les charbons de terre et les bois.

Les fers forgés et coulés. Auxonne est environnée de fourneaux et de forges, où se coulent et se fabriquent des fers reconnus pour être de la première qualité. Les fourneaux de la Haute-Saône, du Jura et du Doubs : ceux de la Côte-d'Or apportent journellement à l'arsenal d'Auxonne le tribut de leur continuelle activité (1) ; et la surveillance exercée par des officiers d'artillerie, stationnés *ad hoc*, sur les commandes faites pour cet arsenal, assure la perfection requise dans les fers propres à la construction, comme dans les fers coulés en projectiles.

Les charbons de terre. Auxonne n'en produit point ; mais l'importation de

---

(1) On distingue sur-tout par leur *qualité supérieure*, les fers des fourneaux de *Pesmes*, commune de la Haute-Saône, à un myriamètre et quatre kilomètres d'Auxonne.

ceux que donne la fouille des mines des environs de Lyon, est, par la Saône, si facile (1) et si peu dispendieuse, que l'arsenal d'Auxonne n'a jamais été dans le cas de regretter de ne pas trouver précisément sous sa main cet aliment de ses belles et nombreuses forges.

Les bois. La nature, qui semble avoir pris plaisir à rassembler à la portée d'Auxonne, les mines abondantes de fers, n'a pas été moins libérale dans la dispensation qu'elle lui a faite des forêts. Les bois de haute-futaie, où l'orme, le chêne et le frêne, offrent à un arsenal une grande latitude de choix, croissent en abondance autour d'Auxonne. Les forêts des environs de *Gray*, à trois myriamètres d'Auxonne, produisent surtout des ormes d'une excellente qualité,

---

(1) » *Flumen est arar..... incredibili leni-* » *tate, ita ut oculis in utram partem fluat, judi-* » *cari non possit.* « (Jul. Cæs. comment. *de bello gallico*, lib. 1.)

que la Saône descend à peu de frais (1);
si nous ajoutons que les départemens
dont le territoire formoit la ci-devant
province de Bourgogne, sont encore,
malgré les dévastations, que les belles
forêts dont ils sont couverts ont éprouvées, très riches en bois des essences
propres aux constructions de l'artillerie ;
nous aurons démontré par les faits, par
des faits irrécusables, la suffisance des
bois pour alimenter, bien au-delà de
ses besoins, l'arsenal d'Auxonne (2).

---

(1) Les bois qu'emploie l'arsenal d'Auxonne, coûtent, l'un dans l'autre, plus d'un tiers de moins que ceux qu'emploient les autres arsenaux de la République : la différence est comme de 50 à 90.

(2) Il ne vit point, à cet égard, au jour le jour. Une sage prévoyance a dès long-temps, et successivement (si ce n'est depuis quelques années que les fonds ont manqué) approvisionné dans ses magasins, des bois à la qualité desquels le choix le plus scrupuleux a présidé. Les bois que l'on emploie à la construction, ont subi l'épreuve de plusieurs années et jusqu'à vingt années de coupe; et malgré la quantité de bois non fabriqués, qu'il

On fait, dit-on, au bois que l'on y met en œuvre, le reproche d'être de mauvaise qualité; mais ce reproche n'est pas exact; et, comme on le disoit dans un mémoire, *souscrit par les députés de la ci-devant province de Bourgogne,* présenté à l'Assemblée constituante, par un député extraordinaire de la commune d'Auxonne : » l'orme est d'une excel-
» lente qualité dans le voisinage d'Au-
» xonne. Le frêne, le chêne y sont éga-
» lement communs et bons. La marine
» sait les choisir; elle en tire chaque
» année une quantité immense (1) :
» pourquoi l'artillerie auroit-elle moins
» d'attention ? Ce ne seroit pas sûrement
» faute de connoissance. A-t-il fallu
» une expérience de plus de cent ans,

---

vient tout récemment d'expédier, l'approvisionnement qui existe encore, n'a pas une valeur moindre de cinquante mille francs.

(1) La marine entretient à cet effet à Auxonne un ingénieur-constructeur en chef et plusieurs contre-maîtres et charpentiers.

» pour appercevoir cet inconvénient,
» (la mauvaise qualité des bois) s'il eût
» été réel ? Et auroit-on augmenté (ré-
» cemment) l'activité de l'établissement
» (l'arsenal), après s'être convaincu
» qu'il ne fournissoit que de mauvais
» ouvrages (1)? «

En voilà sans doute assez pour venger les forêts tributaires de l'arsenal d'Auxonne, s'il est vrai qu'elles soient attaquées dans la qualité des bois qu'elles produisent.

L'arsenal d'Auxonne a donc les fers coulés et forgés, les charbons de terre, et les bois des essences propres aux constructions de l'artillerie ; et leurs qualités ne le cèdent point à leur abondance.

---

(1) » Depuis 1782, on a construit..... un han-
» gar (de plus), un magasin et un martinet,
» dont la dépense excède 500,000 francs. On ne
» fait point de pareilles dépenses pour un établis-
» sement reconnu vicieux. « (*Mémoire sur le projet de transférer l'école d'artillerie, placée à Auxonne, dans une autre ville*, pag. 8 et 9.)

Mais les attirails de guerre une fois fabriqués, une fois approvisionnés, doivent s'écouler vers leurs destinations, et l'intérêt de la République exige que l'exportation en soit la plus facile et la moins dispendieuse possible.

Auxonne encore, par sa situation sur la Saône, la plus belle rivière navigable de la République et la plus sûre, offre ces avantages rares et inappréciables.

» La Saône (1) descend jusqu'à la mé-
» diterranée tout ce qui est nécessaire à
» l'attaque et à la défense. Le canal du
» Charolois... réunit la Saône à la
» Loire, et conduit.... jusqu'à l'océan
» les trains d'artillerie et tous les appro-

---

(1) Son port, dont la construction est due aux soins d'un directeur d'artillerie, dont il porte le nom, outre une machine permanente, très ingénieuse, propre à porter presque sans forces de bras, les plus lourdes masses sur les bateaux comme à les en retirer, offre toutes les facilités désirables dans les fréquentes opérations des chargemens.

» visionnemens de guerre. Le canal de
» Bourgogne, déja très avancé, et qu'un
» régime .... sage ne laissera pas dans
» une inaction désastreuse, produira les
» mêmes secours pour communiquer de
» la mer du nord à la Saône. Enfin, si
» le canal d'Alsace, déja commencé, se
» finit .... l'arsenal d'Auxonne et son
» école se trouveront placés géométri-
» quement au centre de toutes les com-
» munications .... (1). «

Mais, sans spéculer sur l'époque où la situation des finances permettra de conduire à leur perfection ceux de ces canaux qui ne sont que commencés, il est certain qu'Auxonne, dans l'état actuel des choses, par rapport à tous les points sur lesquels la République peut avoir à attaquer ou à se défendre, est un centre d'où l'on peut distribuer les trains et munitions d'artillerie, qui se fabriquent et s'approvisionnent dans ses

---

(1) Mémoire, *supr. cit.* pag. 5.

murs, comme le cœur est le centre d'où s'écoule le sang qui porte le mouvement et la vie dans toutes les parties du corps humain.

A-t-on à défendre nos frontières du côté de l'Helvétie, les bords du Rhin, les défilés des Alpes, où la fabrique et l'entrepôt des attirails et munitions de guerre pourroient-ils être mieux placés qu'au point central qu'offre naturellement Auxonne (1)?

---

(1) Est-ce à *Rennes*, où il est question de porter les établissemens d'Auxonne, qu'on ira chercher des secours? est-ce à *Besançon*, point plus rapproché? à Rennes: la seule proposition en seroit absurde. A Besançon: il n'existe point à Besançon d'arsenal de construction, mais seulement des magasins, lesquels, comme l'arsenal de Lyon, ne sont que les entrepôts des attirails qui se construisent à Auxonne. Un arsenal de construction à Besançon n'offriroit d'ailleurs pas, outre qu'il faudroit le créer, le même avantage que celui placé à Auxonne. On ne l'obtiendroit même rigoureusement pas, quand on feroit la dépense de rendre le Doubs na-

Faut-il armer dans les ports de la méditerranée, ou dans ceux de l'océan ; faut-il approvisionner le midi, faut-il combattre les rebelles de l'ouest ; Auxonne fait descendre son artillerie, par l'intermédiaire de la Saône, jusqu'aux points donnés. Cette rivière conduit à la méditerranée, par le Rhône, jusqu'à Arles ; à l'océan, par le canal du Centre (1) et par la Loire, jusqu'à Nantes. Quel est l'arsenal de construction existant, qui pourroit fournir tout à la fois à tant de destinations différentes, et aussi facilement ?

Aussi, que l'on compulse les états des trains d'artillerie et munitions que l'arsenal d'Auxonne a fournis à nos nombreuses armées, sur-tout à celles du mi-

---

vigable depuis Besançon ; et puis si l'arsenal d'Auxonne n'existoit plus, l'entrepôt actuel de Besançon perdroit son utilité, et ce seroit bien en pure perte qu'on auroit fait l'énorme dépense à laquelle on doit l'existence du magnifique arsenal de Lyon.

(1) Ci-devant Charolois.

di, depuis la guerre de la liberté ; ce sont là les fastes qui attesteront l'importance de cet établissement; c'est là qu'on puisera des notions précises sur les services qu'il est encore destiné à rendre à la patrie (1); c'est dans ce volumineux recueil qu'est écrite cette vérité, qu'aucun des arsenaux de construction de la République ne peut être mis en parallèle avec celui d'Auxonne (2). Il y a donc lieu de croire que cet établissement ne cessera pas d'être compté parmi les élémens de la victoire à laquelle nous som-

---

(1) On verra plus loin qu'il y a eu nécessité de rendre à l'arsenal une partie de son antique activité, après avoir, pendant long-temps, laissé ses ateliers muets et déserts.

(2) A en juger par l'état de répartition des résidences d'artillerie par direction, annexé à la loi du 18 floréal an 3, l'arsenal d'Auxonne est l'un des plus considérables de la République. La direction d'*Auxonne*, suivant cet état, doit avoir un chef de brigade, deux chefs de bataillon et dix capitaines ; tandis que celle de *Strasbourg* a un chef de bataillon et deux capitaines de moins.

mes appellés de nouveau à marcher, pour atteindre enfin les jours de la paix, objet des vœux des vrais Français.

Si c'est une vérité reconnue qu'un arsenal de construction est mal placé à l'extrême frontière, comme exposé aux incursions de l'ennemi, il est incontestable aussi qu'il ne faut pas qu'il en soit trop éloigné. Le service souvent exige une célérité à laquelle une trop grande distance pourroit être nuisible.

Eh bien ! Auxonne est assez éloignée de la frontière pour ne pas craindre une invasion subite, et elle en est assez rapprochée pour satisfaire avec célérité aux réquisitions des généraux, aux ordres du Ministre, par la distribution des moyens que peut exiger la défense de cette même frontière.

Ajoutons qu'Auxonne, située sur une rivière navigable qui baigne ses murs au couchant, au milieu d'un vaste bassin, sur lequel elle domine, sans que rien la domine elle-même, est défendue par un château fort, et plus encore par des fortifications, ouvrage du célèbre *Vauban*. Il faut croire qu'un arsenal de construction dans cette place (1), seroit en sûreté en cas d'invasion; ou du moins la possibilité d'une résistance quelconque donneroit, dans le cas où une sage prévoyance n'y auroit pourvu, la facilité de faire refluer dans l'intérieur les attirails et munitions qu'il seroit important de soustraire à la mainmise de l'ennemi.

Tout concourroit donc à déterminer pour Auxonne l'établissement d'un arsenal de construction, si les avantages de la position de cette place avoient tellement, malgré leur évidence, échappé à l'ancien gouvernement, que la République eût encore à créer à cet égard; et ce n'est pas, lorsque cet établissement existe, lorsque toutes les parties qui le composent sont vastes, commodes, et dans le meilleur état, qu'un gouverne-

---

(1) De troisième ligne.

ment sage, éclairé sur ses vrais intérêts, et auquel d'ailleurs tout commande l'économie la plus sévère (1), ira se frapper lui-même dans un des monumens de sa puissance et de sa sûreté, pour créer ailleurs, à grands frais, sans l'espoir fondé au moins d'un égal avantage. Encore l'égalité de convenance, si elle existoit, ne seroit pas déterminante à cause de la difficulté de créer, tandis qu'il ne faut point d'efforts pour conserver.

Si nous avions besoin, d'après les détails auxquels nous nous sommes livrés, d'une nouvelle preuve de la nécessité de conserver dans le cas particulier, nous invoquerions les faits qui se passent actuellement sous nos yeux.

L'arsenal a été réduit à une inaction

---

(1) Certes, sous le rapport des finances, la translation à *Rennes* des établissemens militaires dont il s'agit, quand elle offriroit d'ailleurs des avantages, devroit éprouver beaucoup de difficultés, si l'on considère qu'il a fallu, pour les fixer à Auxonne, une dépense au moins de six millions.

absolue après l'émission de l'arrêté du 23 pluviôse an 6. Les compagnies d'ouvriers et les ouvriers vétérans, qui y étoient employés, en ont été tirés pour être envoyés, la plus grande partie, à Rennes. Là ils sont, pour ainsi dire, sans occupation, parce qu'à vrai dire, l'établissement n'existe qu'en principe, et que les élémens des travaux manquent.

Les besoins des armées rapprochées du côté de l'Helvétie et du côté des Alpes, ont ramené sur Auxonne l'attention. Une brigade d'artistes a été appellée à réactiver ses ateliers.

A-t-il fallu alors approvisionner Besançon en état de siége ? A-t-il fallu fournir aux besoins de l'armée d'Helvétie ? c'est Auxonne qui y a pourvu (1). A-t-il fallu approvisionner les places des Hautes-Alpes, et fournir aux réquisitions, pour les besoins des parcs de campagne

―――――――――――――

(1) Il existe une réquisition du général en chef de l'armée d'Helvétie *Masséna*.

des armées des Alpes et d'Italie ? c'est encore à Auxonne que l'on a eu recours (1). On a justement senti que son arsenal ne pouvoit être remplacé par aucun autre.

Si nous avons démontré l'importance de la conservation à Auxonne de l'arsenal de construction, par cela même, nous avons établi la nécessité de la conservation de l'école d'artillerie, puisque c'est déja l'existence de l'arsenal qui a déterminé le placement de l'école.

On a déja dit combien l'arsenal étoit utile à l'école, comme une source abondante d'instruction pour l'artilleur ; et l'on a vu que les loix des 18 floréal an 3, et 30 floréal an 4, ont consacré l'existence des écoles près les arsenaux de construction, » de manière que les élè- » ves qui y seront envoyés comme offi-

---

(1) Les réquisitions existent. On peut consulter l'état des expéditions faites depuis le 5 prairial an 7.

« ciers, puissent y appliquer leurs con-
« noissances *aux arts, à la construc-*
« *tion des ouvrages,* etc. (1) «

Si l'on considère ensuite combien les écoles sont utiles aux arsenaux, en ce que les régimens d'artillerie sont seuls au courant des fortes manœuvres, par lesquelles s'opèrent les mouvemens des grosses masses, et (ceci est particulier à Auxonne) les embarquemens et débarquemens des munitions et attirails, et des matériaux qui s'expédient ou se reçoivent journellement par la Saône ; on est par cela même forcé de convenir que, si, d'une part, les arsenaux de construction sont nécessaires près les écoles d'artillerie ; celles-ci, d'un autre côté, prêtent à ces arsenaux des secours, des forces, qu'ils ne se procureroient qu'avec une grande difficulté, une extrême lenteur, qu'avec une dépense énorme, s'ils étoient obligés de recourir aux bras

---

(1) Loi du 30 vendémiaire an 4, tit. 3, art. 3.

des citoyens ; et, en dernière analyse, il est certain que les grands arsenaux de construction, et les écoles d'artillerie, sont des établissemens qui marchent de front, et sont inséparables.

Mais au surplus, si un arsenal de construction ne sauroit, par lui-même, être mieux placé qu'à Auxonne, l'école d'artillerie, indépendamment des considérations que nous venons de voir militer en faveur de sa conservation dans cette place, trouveroit difficilement ailleurs une assiette aussi convenable.

Auxonne, en effet, est remarquable par ses dehors magnifiques, assez vastes pour se prêter à toutes les manœuvres, à toutes les évolutions de l'artillerie, assez vastes même pour permettre, au besoin, à cinquante mille hommes d'y asseoir un camp; des vivres abondans, un abord facile, des communications multipliées (1), une population nom-

---

(1) Frontière de quatre départemens, Auxonne communique avec eux par trois belles routes, fréquentées par les couriers et les messageries.

breuse (1), sont au nombre de ses avantages. Ajoutons à cela la situation, à un myriamètre de ses murs, de la belle fabrique de poudre de guerre, de *Vonges*, sur la Saône (2); et dans l'intérieur de ses murs, de trois magnifiques corps de casernes (3), de magasins à poudre, sou-

---

(1) La population d'Auxonne, laquelle s'élève au-delà de cinq mille individus, a tourné toute son industrie du côté des différentes espèces de commerces, du côté de ceux des arts et professions que vivifie la présence des établissemens militaires.

(2) Il est facile de sentir combien cette fabrique gagne au voisinage de l'école d'artillerie et de l'arsenal. Ce sont les chefs de ces établissemens qui surveillent les épreuves des poudres, tandis que les transports et embarquemens de ces mêmes poudres sont opérés par des artilleurs, au fait des précautions qu'ils exigent. L'école d'artillerie gagne à son tour au voisinage de la fabrique de poudre, puisqu'elle a sous sa main, presque sans frais, par le moyen de la Saône, cette matière si nécessaire à l'instruction des artilleurs.

(3) C'est Auxonne qui a élevé, à ses frais, ces casernes; elle en a fait don à l'état dès l'aurore de la révolution; c'est Auxonne qui a également donné

fre et salpêtre; d'un superbe magasin à bled (1), facile à approvisionner par la fertilité de la contrée; de très beaux moulins à grains; d'un hôpital vaste, commode et sain, etc. etc. et nous aurons décrit l'une des villes de la République où il faudroit établir une école d'artillerie, si déja cela n'étoit fait, loin de supprimer celle qui y est toute placée.

C'est d'autant mieux le cas de conserver l'école d'Auxonne, qu'en ce moment, loin de songer à des suppressions en cette partie, il est question d'augmenter de deux régimens les forces de l'artillerie; c'est du moins l'objet de

---

les meubles, fournitures et ustensiles qui les garnissent. Auxonne a dépensé pour cela près de deux millions; cela seroit-il perdu pour elle?

(1) C'est à la sollicitation de l'ancienne administration des vivres, qu'en 1785, le gouvernement a fait élever cet édifice sur les plans et sous la direction d'un officier du génie employé à Auxonne. La centralité de cette place a déterminé alors le choix des administrateurs et la sanction qu'il a reçue.

deux messages récens du Directoire exécutif au Conseil des Cinq-cents.

Nous aurions encore beaucoup à dire si nous ne voulions négliger aucun des moyens qui s'élèvent en faveur de notre réclamation ; mais nous en avons assez dit si nous avons prouvé, comme nous en avons le sentiment, que la suppression de l'arsenal de construction et de l'école d'artillerie dont il s'agit, seroit, si elle s'effectuoit, contraire à l'intérêt de la République.

Nous avons la confiance que ce ne sera pas en vain que nous aurons cherché à éclairer la religion du gouvernement ; et nous aurons la douce satisfaction, en voyant, cette fois, triompher nos efforts, d'avoir bien mérité de la République, et, en particulier, des citoyens qui nous ont imposé l'honorable fardeau de les administrer.

Arrêté par l'Administration municipale de la commune d'Auxonne, en séance, le 29 thermidor an 7 de la République française, une et indivisible.

Signé Garnier, *Président ;* Boirin, Mathey aîné, Migneret et Bergère, *Administrateurs ;* Caré, *Commissaire du Directoire exécutif ;* et Tournouer, *Secrétaire-Greffier-Commis.*

» L'Administration centrale du
» Département de la Côte-d'Or,

» Vu le présent mémoire,

» Considérant qu'il est de l'intérêt le
» plus marqué pour la République, que
» ces établissemens (1) soient mainte-
» nus dans la commune d'Auxonne ; que
» l'Administration centrale en a déja re-
» connu l'utilité dans plusieurs arrêtés
» qu'elle a pris à ce sujet ;

---

(1) L'arsenal de construction et l'école d'artillerie.

» Arrête, après avoir entendu le rem-
» plaçant du Commissaire du Directoire
» exécutif ;

» Que le mémoire présenté par l'Ad-
» ministration municipale de la com-
» mune d'Auxonne est appuyé ; que le
» Corps législatif est invité à le prendre
» en très grande considération, et à ac-
» corder à cette commune la conserva-
» tion d'un établissement aussi utile à
» l'intérêt public. «

Fait à Dijon, à la séance du 1$^{er.}$ fructidor an 7 de la République française, où étoient présens les citoyens Dubard, *remplaçant le Président ;* Godard, Fremyet, Royer, *Administrateurs ;* Piette, *remplaçant le Commissaire du Directoire exécutif ;* et H. M. F. Vaillant, *Secrétaire en chef.*

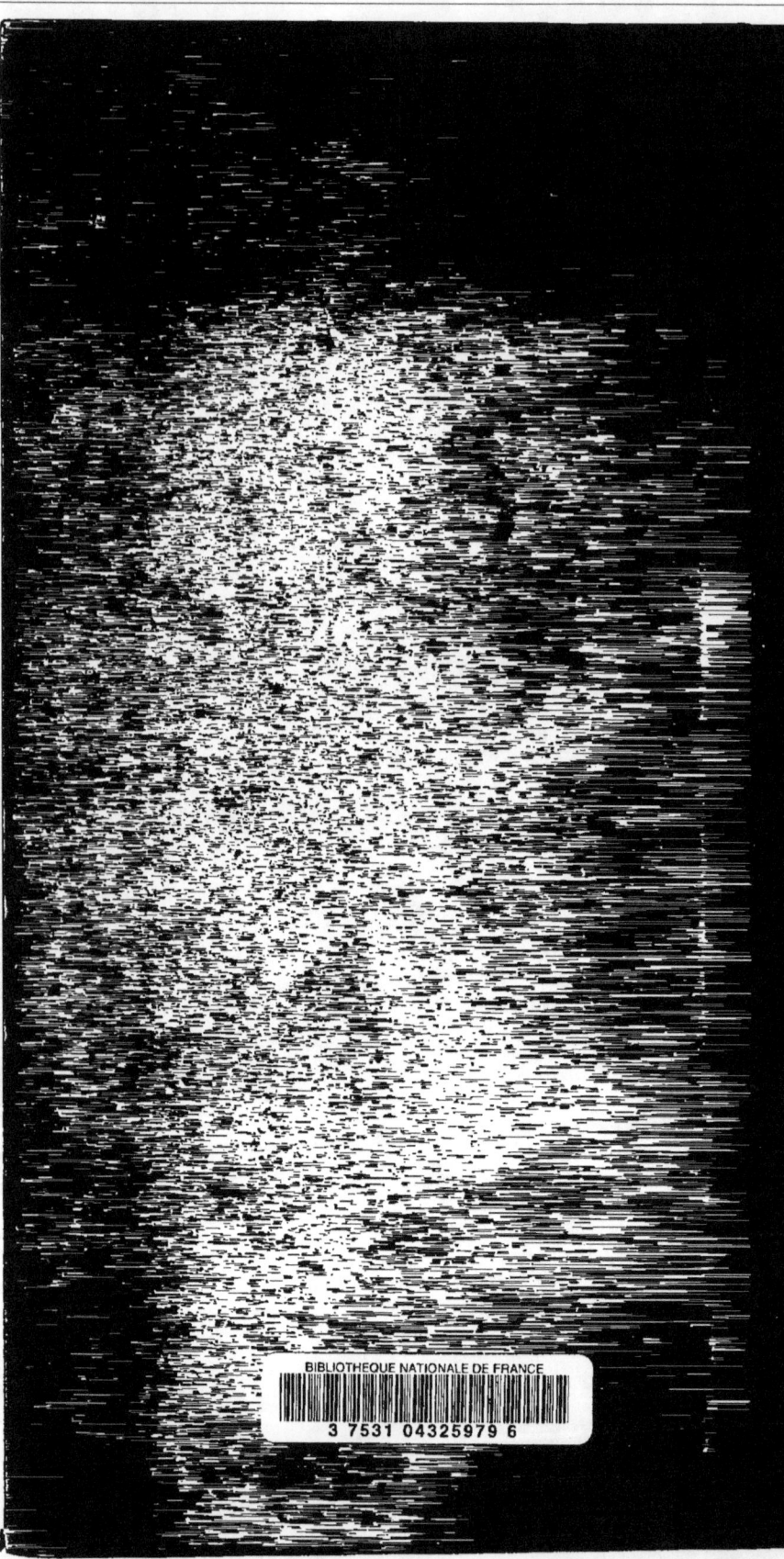

www.ingramcontent.com/pod-product-compliance
Lightning Source LLC
Chambersburg PA
CBHW070705050426
42451CB00008B/498